힘과 에너지

허당 삼촌, 힘을 찾아 줘

초등과학Q는 과학의 기본 개념을
말랑말랑하게 풀어낸 세상 친절한 과학 해설서예요.
핵심을 찌르는 재치 넘치는 질문! 웃음이 가득한 탐구 과정!
재미있는 글과 그림을 따라가면 암호문 같은
과학 교과서가 술술 읽힐 거예요.

초등과학Q 8

힘과 에너지

허당 삼촌, 힘을 찾아 줘

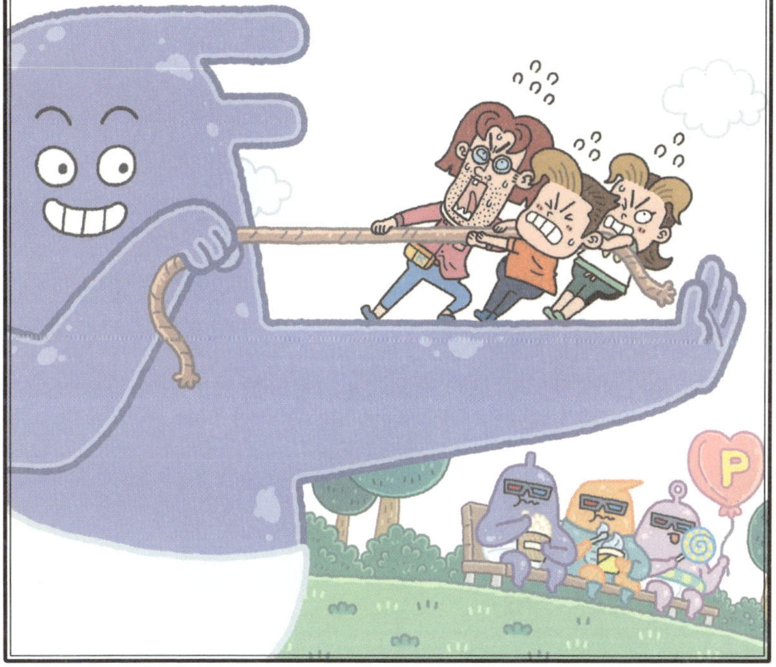

노지영 글 김석 그림 오정근 감수

그레이트 BOOKS

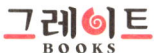

등장인물

힘
눈에 보이지 않지만, 세상 어느 곳에나 존재한다. 요즘은 솔이네 가족을 그림자처럼 따라다니며 장난을 치는 게 가장 즐겁다.

허당 삼촌
우리나라 최고 수재들이 들어가는 카이스트 대학에 입학했지만 공부가 싫어 그냥 나왔다. 하고 싶고 되고 싶은 게 너무 많아 아직 아무것도 되지 못한 채, 바쁜 엄마 아빠를 대신해 아이들을 돌본다.

띠리리리리리 띠리리~

삼촌은 휴대폰에 뜬 발신자를 확인하고는 비명을 질렀어.

"으아아아악! 간다 간다 지금 가!"

이불 속에 묻혀 있던 삼촌이 몸을 일으키면서 아슬아슬하게 쌓인 책을 건드리자, 묵직한 책들이 도미노처럼 밀려 넘어졌어. 한 손으로 의자에 걸린 점퍼를 잡아당기니 의자가 쭈르르 끌려왔고, 다른 손으로 머리를 빗으니 머리카락이 쭈뼛쭈뼛 일어섰지.

지금 일어난 이 모든 일의 원인이 바로 나, 힘이야!

"솔이야, 천재 삼촌 출발한다."
 삼촌은 킥보드와 인라인스케이트를 둘러메고 힘샌 초등학교 정문으로 달려갔어. 사랑하는 두 조카와 놀아 주기로 했거든.
 "으이그, 삼촌! 지금까지 잤어? 우리 한참 기다렸단 말이야."
 만나자마자 잔소리를 뱉어 내는 솔이, 그 옆에서 조용히 인라인스케이트를 집어 드는 결이! 두 친구는 삼촌의 쌍둥이 조카야. 쌍둥이지만 성별도 다르고, 성격은 더더욱 다르지!
 솔이는 킥보드를 타고 내리막길을 신나게 내려갔어.
 "브레이크! 브레이크!"

너무 빠르다 싶으면 삼촌은 이렇게 소리를 질러. 그러면 솔이는 한쪽 발로 땅을 툭툭 치지. 그래야 킥보드 속력이 줄어들거든.
　결이는 요즘 인라인스케이트에 푹 빠졌어.
　"삼촌 한 바퀴 돌고 올게요."
　결이가 인라인스케이트를 타고 폐타이어로 만든 바닥을 성큼성큼 걸었어. 폐타이어로 만든 바닥에서는 미끄러질 염려를 하지 않아도 돼.
　결이는 속력을 내고 싶을 땐 몸을 낮추고, 멈추고 싶을 땐 몸을 일으켰어. 스피드스케이팅 선수처럼 멋지게 말이야.
　너희들 눈에는 결이가 혼자 인라인스케이트를 탄 것처럼 보이지? 아니야. 나도 삼촌만큼이나 한몫을 했다고. 내 이야기를 듣고 나면, 다 알게 될 거야!

결이야, 같이 가!

차례

등장인물 … 4
프롤로그 … 6

Q1 술이 달걀은 왜 돌지 않을까?

관성력 … 12

Q2 흠뻑 젖은 걸레는 왜 잘 미끄러질까?

마찰력 … 22

Q3 세탁기는 왜 옷을 말리지 못했을까?

원운동과 원심력 … 32

Q4 왜 때린 사람이 더 아팠을까?

작용과 반작용 … 42

Q5 아빠의 몸무게를 줄이려면?

중력 … 54

Q6 트램펄린에서 높이 뛰는 방법은?
탄성력 … 64

Q7 마른 사람과 뚱뚱한 사람, 누가 물에 더 잘 뜰까?
부력 … 74

Q8 삼촌은 어떻게 나침반을 고쳤을까?
자기력 … 84

Q9 먼지를 쓸어 간 범인의 정체는?
정전기력 … 94

Q10 진짜 에너지 도둑이 다녀간다면?
에너지 … 104

오늘은 솔이, 결이와 동네 친구들이 캠핑하는 날이야.
보호자로 삼촌도 따라갔지. 캠핑장에 도착하니 짐을 나르는
손수레가 보이네? 솔이와 결이, 친구들은 두 눈을 반짝거렸어.
너나 할 것 없이 수레에 냉큼 올라 당당히 삼촌을 불렀지.

"삼촌! 끌어 주세요!"

손수레가 세차게 굴러가다 멈출 때면, 아이들의 몸이 동시에
앞으로 쏠렸어. 아이들은 깔깔거리며 신이 났지. 반대로
멈췄던 수레가 출발할 때도 아이들은 까르르 웃음을 터뜨렸어.
약속이라도 한 듯 동시에 몸이 뒤로 젖혀지는 게 재밌었거든!
다들 기분이 한껏 들떴어. 무려 한 시간이나 수레를 끌고
다크서클이 턱까지 내려앉은 허당 삼촌만 빼고 말이야.

크아 악~!

헉!

헉!

한달치 운동 오늘 다 하네.

샬라샬라 동전아, 떨어져라!

"휴, 애들아~. 내가 재밌는 거 보여 줄까?"

삼촌이 무심코 던진 한마디에 아이들이 우르르 손수레에서 내렸어. 이제 슬슬 질리던 참이었거든. 삼촌은 마술을 보여 주겠다고 했어. 이름하여 동전 떨어뜨리기!

삼촌은 빈 컵 위에 종이를 얹고 그 위에 동전을 올려놓았어. 그러고는 그럴싸한 주문을 외웠지.

"수리수리 마수리, 샬라샬라 떨어져라, 얍!"

컵 위에 올린 종이를 재빨리 빼자 동전은 종이에 딸려 오지 않고 컵 속으로 소리를 내며 떨어졌어. 댕그랑!

"우와! 신기하다."

아이들은 박수를 치며 좋아했어. 특히 솔이는 삼촌이 자랑스러워 눈물까지 글썽였지. 따분하고 시시하다는 눈빛으로 바라보는 건 결이 하나뿐이었어.

"결이야, 뭐가 마음에 안 드는 거니?"

"에이, 그건 마술이 아니잖아. 과학이지!"

"엥? 이게 마술이 아니면 뭐란 말이야~. 이 원리를 알고나 하는 말이냐?"

"관성 때문이잖아. 그대로 멈춰 있던 동전은 종이랑 함께

움직이기보다 그대로 멈춰 있고 싶어 해. 그래서 가만히 제 자리에 있다가 컵 속으로 빠지는 거지. **물체는 원래 있던 그대로 있고 싶어 해. 그걸 관성이라고 하고.**"

"으잇, 분하다! 초등학생이 관성을 알고 있다니!"

삼촌 말만 듣는 달걀

갑자기 분위기가 과학 수업으로 빠지자 아이들은 크게 실망한 눈치였어. 솔이만 빼고 말이야.

"흠, 이렇게 물러설 순 없지. 5분 뒤에 엄청난 마술을 보여 주마."

잠시 뒤에 나타난 삼촌은 어디서 구했는지 달걀 한 판을 가져왔어.

아이들은 달걀을 보더니, 갑자기 좀 흥분했어.
"삼촌, 달걀에서 뭐가 나오는 거야?"
"비둘기 아닐까?"
"야, 병아리가 나와야지 비둘기가 왜 나오냐?"
"삼촌이 이 중에서 아무 달걀이나 하나 고를게."
삼촌은 조심스럽게 달걀 하나를 집었어.
"자, 이제 너희도 하나씩 골라 봐."

"삼촌, 나랑 달걀 바꿔!"

결이는 뭔가 짐작이 간다는 듯 삼촌에게 다가섰어. 삼촌은 빙긋 웃으며 고개를 끄덕였지.

삼촌 달걀을 쥔 결이는 비장하게 달걀을 돌렸어. 그런데 이게 뭐야? 살짝 돌다가 멈추고 말았어. 솔이는 결이 등을 찰싹 내려쳤어.

"아이고, 기운 없어라…"

낑 낑

"거봐! 달걀이 삼촌 말만 듣잖아! 삼촌은 진짜 천재!"

그 순간 결이는 비장한 표정을 짓더니, 손에 쥔 달걀을 탁자 위에 탁탁 두들겼어. 달걀 노른자가 줄줄 흘러나왔지.

"흠, 이건 날달걀이고!"

이번에는 삼촌 손에 쥔 달걀을 뺏어서 탁탁 깼어. 아니, 이번엔 삶은 달걀이지 뭐야.

"거봐~ 삼촌 건 삶은 달걀이잖아. 근데 분명히 아까 달걀 바꿨는데!"

"헤헤, 그러니까 마술이지! 내가 슬쩍 바꿔치기 했지. 내 손은 네 눈보다 빠르다고."

"그런데 삼촌! 왜 삶은 달걀은 뱅글뱅글 돌고, 날달걀은 돌지 않는 거야?"

"오호! 좋은 질문! 아까 관성에 대해 들었지? 물체는 원래대로 있고 싶어 한다는 거 말이야. 삶은 달걀은 단단한 껍데기와 잘 익은 속이 마치 한 덩어리처럼 붙어 있지만 날달걀은 껍데기와 속의 액체가 분리되어 있어. 날달걀이 잘 돌지 않는 이유는 껍데기는 돌아가려 하고, 액체는 관성 때문에 가만히 있으려 하기 때문이야. 집에 있는 달걀이 삶은 달걀인지 날달걀인지 궁금하면 한번 돌려 봐. 잘 돌아가면 삶은 달걀, 잘 돌아가지 않으면 날달걀이란다!"

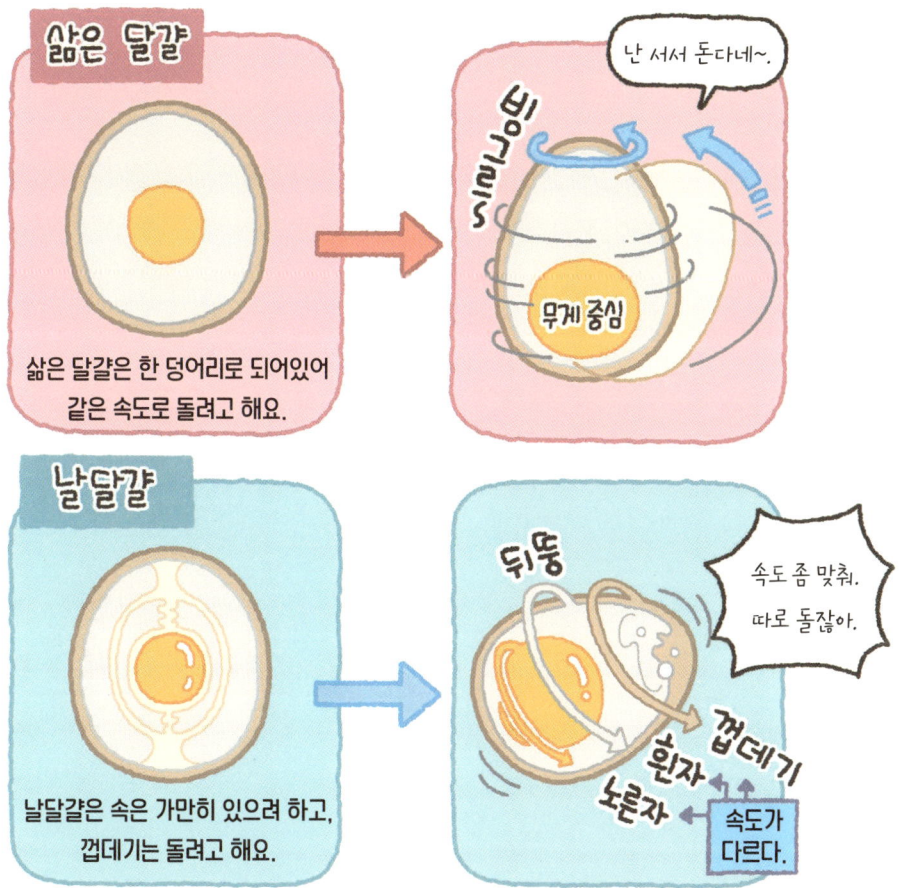

원래 있던 상태 그대로 있으려는 힘 관성력

안녕? 난 관성력이야.
힘은 힘인데 이번엔 관성력으로 변신을 좀 했지.
나는 변화를 싫어해. 원래 있던 그대로 계속 있고 싶어 하지.
가만히 있으면 계속 가만히 있고 싶고, 움직이는 중이면
계속 움직이고 싶어 하지. 물체가 그대로 있고 싶어 하는
관성이 작용하는 건 바로 나 때문이야.

허당 삼촌이 아이들을 손수레에 태웠을 때도 관성력이 작용했어. 수레를 끌다가 멈추면 아이들 몸이 앞으로 쏠렸지? 반대로 멈췄던 수레가 출발할 때는 몸이 뒤로 젖혀졌고 말이야.

버스에서도 비슷한 경험을 한 적 있을 거야. 버스가 달리다가 갑자기 멈추면 몸이 앞으로 쏠려. 몸은 계속 앞으로 나아가려는 관성력이 작용하는데 버스는 멈췄기 때문이지. 반대로 멈춰 있던 버스가 갑자기 출발하면, 몸은 서 있으려는 관성력이 작용하는데 버스는 앞으로 나갔기 때문에 몸이 뒤로 젖혀져.

달리다가 멈췄을 때   멈춰 있다가 출발했을 때

엘리베이터가 갑자기 아래로 내려가면 몸이 붕 뜨는 느낌이 들지 않았니? 그건 몸은 그 자리에 있으려 하고, 엘리베이터는 아래로 내려갔기 때문이야. 반대로 엘리베이터가 갑자기 위로 올라가면 몸은 그대로 있으려 하고, 엘리베이터는 위로 올라갔기 때문에 몸이 바닥으로 가라앉는 느낌이 드는 거야. 여기서도 관성력이 작용했단다.

뱅글뱅글 돌다가 멈추면 어지럽지? 이것도 역시 관성력 때문이야. 귓속에는 반고리관이 있는데 그 안에 액체가 들어 있어. 우리 몸은 회전하는 걸 멈췄지만 반고리관 안에 있는 액체는 계속 돌기 때문에 얼마 동안은 어지러운 거야.

가끔 그런 날이 있어. 왠지 모르게 힘이 솟구치는 날!
삼촌에게는 오늘이 그런 날이었지.

다들 학교와 회사로 떠난 뒤, 삼촌이 부스스 일어났어. 샤워를 하고 욕실에서 나와 늦은 아침을 챙겨 먹고 나니 구석구석 어지럽혀진 집 안이 눈에 들어왔단다.

"좋아! 가족들을 위해 모처럼 대청소를 한번 해 볼까?"

삼촌은 머리 수건을 두르고, 청소기를 들었어.

위이이잉~ 청소기로 온 바닥을 훑고는 평소에는 절대 하지 않는 걸레질까지 시작했지.

걸레질을 하자 뽀드득 뽀드득

 학교에서 돌아온 솔이와 결이는 두 발에 걸레를 묶고 온 집 안을 휘젓고 다니는 삼촌을 발견하고는 입이 떡 벌어졌어.
 "얘들아! 함께 힘껏 걸레질을 하자꾸나!"
 왠지 모르게 삼촌이 하는 걸레질이 재미있어 보였어. 솔이와 결이는 책가방을 내던지고 걸레를 들었… 아니 묶었지.

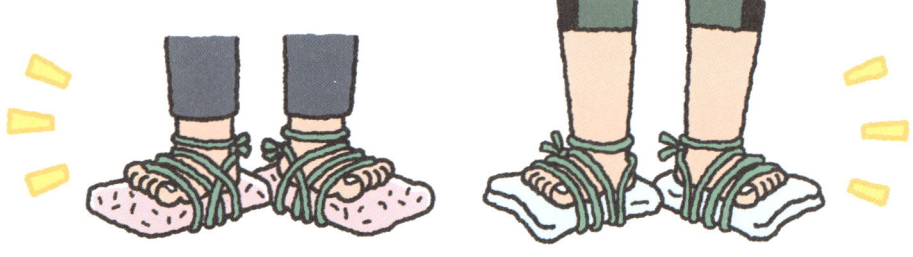

 결이 걸레는 수건으로, 솔이 걸레는 아빠의 구멍난 속옷으로 만든 거였어. 솔이는 슝슝 미끄러졌지만, 결이는 뻑뻑하게 잘 나가지 않았지.
 "역시~. 걸레 종류에 따라 마찰력 차이가 느껴져!"
 "마찰력? 걸레마다 마찰력이 다르다고?"
 "응, 마찰력은 두 물체가 닿아 있을 때, 한쪽 운동을 방해하려는 힘이야. 걸레와 바닥이 서로 닿아 있잖아? 걸레가 미끄러지듯 나아가려는 걸 막는 힘이지. 걸레의 마찰력을 비교해 볼까?"

바로 그때, 삼촌 눈이 동그래졌어. 소파 아래에 뽀얗게 쌓인 먼지가 눈에 들어왔거든.

"오호! 소파를 좀 밀어야겠군. 얘들아, 힘 좀 쓰자!"

삼촌과 결이, 솔이는 젖 먹던 힘까지 다해 소파를 밀었어.

"끄으으응!"

하지만 무거운 소파는 꿈쩍도 하지 않았지. 그러자 결이가 삼촌 옆구리를 푹 찌르며 말했어.

"삼촌! 아무래도 카펫 때문인 것 같아. 거실 바닥은 매끈하지만, 카펫 표면은 거칠거칠하니까 마찰력이 클 거 아냐."

"그래, 그거야! 왜 그 생각을 하지 못했을까!"

삼촌은 초강력 힘을 발휘해 소파를 번쩍 들었어. 결이와 솔이는 잽싸게 카펫을 빼냈지.

켁켁켁! 카펫에 묻은 먼지가 풀풀 날리자 삼촌은 슬금슬금 카펫을 접어 구석에 콕 쳐 박았어.

"먼지는 질색이야! 누나보고 치우라고 해야지~."

고무장갑에 무슨 일이?

"자, 이제 주방만 치우면 되겠어."

삼촌은 싱크대에 산더미처럼 쌓인 그릇을 보며 방긋 웃었어. 삼촌은 설거지를 좋아하거든. 고무장갑을 척척 끼고 주방 세제를 잔뜩 짜서 그릇을 닦았지.

"으으으음~ 나는야 못하는 게 없는 만능 살림꾼! 오늘도 온 집 안을 반짝반짝 빛냈죠~."

그때, 고무장갑에서 접시 하나가 미끄러져 바닥으로 곤두박질쳤어. 쨍그랑! 사실 한두 번 깨 먹은 게 아니었지.

"안 돼! 이건 누나가 베네치아 뒷골목에서 산…!"

삼촌은 싱크대를 부여잡고 울먹거렸어.

그러다 무언가 큰 결심을 한 듯 자리에서 벌떡 일어나 방으로 달려갔지. 물이 뚝뚝 떨어지는 고무장갑을 들고 말이야.

"당장 만들어야 해. 당장! 누나에게 쫓겨나지 않으려면 무언가 보여 줘야 한다고!"

삼촌은 밤이 될 때까지 방에서 나오지 않았어. 엄마가 집에 돌아온 후에야 빼꼼, 방문을 열었지.

"누나, 드디어 누나를 위한 초슈퍼울트라하이퍼 고무장갑이 완성되었어. 최강 마찰력을 장착한 고무장갑을 만드느라 진땀 뺐다고. 이제 누나의 귀한 접시를 깨뜨릴 일은 없을 거야!"

힘이 알려 주는 힘

미끄러지는 것을 방해하는 힘 마찰력

짜잔! 마찰력으로 변신 완료!
오늘 삼촌을 웃게도 하고 곤란하게도 했던 게 바로 나,
마찰력이야. 나는 미끄러지는 것을 방해하는 힘이야.
두 물체가 맞닿았을 때, 한쪽 물체가 움직이는 방향과
반대 방향으로 작용하지. 때로는 마찰력이 클 때가 좋고,
때로는 마찰력이 작을 때가 좋단다! 나를 이용한 물건도 많아.

마찰력을 크게 하려고 이런 걸 만들었지!

아기 양말 바닥을 울퉁불퉁하게 만들거나 끈적이는 실리콘 재질로 덧대 놓은 걸 본 적 있을 거야. 아기가 넘어지지 않게 한 거란다.

배드민턴이나 테니스 라켓 손잡이를 매끄럽지 않은 재질로 감고 울퉁불퉁하게 만들기도 해.

축구화는 특히 마찰력을 크게 하는 게 좋아. 뛸 때 미끄러지면 안 되니까.

마찰력을 줄이려고 이런 걸 만들었지!

스키를 타거나 스케이트를 탈 때는 마찰력이 작아야 좋아. 스키 선수들은 마찰력을 작게 하려고 스키 바닥에 왁스를 칠하거나 표면을 더 매끄럽게 다듬어.

바퀴를 달면 마찰력이 줄어. 물체가 미끄러질 때 생기는 마찰력보다 바퀴가 굴러갈 때 생기는 마찰력이 훨씬 작거든.

고속 열차, 비행기, 배 앞부분 생김새가 서로 많이 닮았지? 이런 모양을 유선형이라고 하는데, 마찰력을 작게 해 줘.

마찰이 일어날 때 생기는 열

추울 때 사람들은 손바닥을 비벼. 물체와 물체가 마찰을 하면 열이 나거든. 그걸 마찰열이라고 한단다. 옛날 사람들은 나무와 나무, 또는 나무와 돌을 비벼서 마찰열을 일으켜 불을 붙였어. 성냥과 라이터도 같은 원리로 만들어진 도구야.

"아아아아아아악!"

사람들의 비명은 비교적 정확한 주기로 이어졌어. 롤러코스터가 머리 위에서 빙그르르 도는 순간 어김없이 비명도 터져 나왔으니, 따로 시간을 재지 않아도 때가 되면 비슷한 소리가 들려왔지.

'이번에는 결이와 솔이가 탔을까?'

삼촌은 롤러코스터 아래 벤치에 앉아 주기적으로 고개를 들어 탑승객을 확인했어. 사실 눈 깜짝할 새 돌아 버리는 롤러코스터 안에서 결이와 솔이를 찾는 것은 불가능한 일이었지만, 그것 말고는 딱히 할 일이 없던 삼촌은 30분이 넘도록 같은 일을 반복했지.

역시 목청 좋은 우리 쌍둥이!

떨어지지 않아서 다행이야!

고개를 빼고 있는 삼촌에게 솔이와 결이가 달려왔어.

"삼촌! 으으으, 완전 무서웠어!"

솔이가 어깨를 움츠리며 말했어.

"맞아. 빙그르르 돌 때 떨어지는 줄 알았다니까!"

결이가 뱅글뱅글 도는 레일을 가리키며 말했지.

"걱정 마! 절대 떨어지지 않으니까."

"맞아, 안전띠가 얼마나 튼튼한데!"

솔이가 맞장구를 쳤어.

"흠흠, 안전띠 때문이 아니라 원운동을 하기 때문이란다."

"원운동?"

"원운동이 무엇이냐면 물체가 원 모양으로 운동하는 건데, 원운동에는 바깥으로 달아나려고 하는 원심력과 원 중심으로

물체를 끌어당기는 구심력이 함께 작용해. 롤러코스터를 타고 원운동을 할 때, 두 힘이 동시에 작용하기 때문에 떨어지지 않는 거지."

　놀이 공원을 나서자마자, 비가 엄청나게 쏟아지기 시작했어. 세 사람은 정류장에서 버스를 기다렸지. 그런데 솔이가 들고 있던 풍선이 막 출발하려는 버스 뒤쪽에 떨어졌어.
　삼촌은 재빨리 차도로 내려가 풍선을 주워 들었어. 그런데 바로 그때, 부르르르릉~ 버스가 출발하면서 빗물이 바퀴 뒤로 튀었어.
　그 바람에 삼촌 얼굴과 셔츠가 빗물로 뒤범벅이 되었지.
　"삼촌! 괜찮아?"
　솔이가 울상을 지으며 삼촌 옷을 털었어.
　"괜찮아~. 버스 바퀴가 내뿜는 원심력을 간과한 탓이지."

"원심력? 아, 버스 바퀴가 뱅글뱅글 도니까?"

솔이 말에 결이가 혀를 차며 끼어들었어.

"버스 바퀴가 원운동을 하니까 바퀴에 묻은 빗물이 원심력에 의해 밖으로 튕겨져 나가는 거지."

"그게 바로 내가 하려던 말이야!"

집에 도착했을 때 삼촌과 결이, 솔이는 무척 지쳐 있었어. 버스 안에서 몸이 이리저리 쏠리며 서 있는 것도 힘들었지만 빗물 세례를 받는 바람에 기분도 축 가라앉아 버렸거든.

"애들아, 젖은 옷을 세탁기 안으로 던져 넣기 바란다!"

세탁기, 내게 맡겨라!

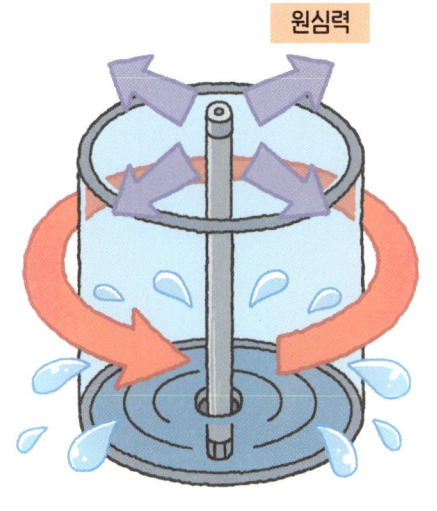
원심력

"삼촌, 또 원심력이 문제야?"

"그래. 탈수가 안 된 건 세탁기 통의 원심력이 약했기 때문이야. 빨래가 든 수조에 구멍이 숭숭 나 있지? 수조가 한 방향으로 빠르게 원운동을 하면 원심력에 의해서 물이 구멍으로 빠져나가. 이게 바로 탈수의 원리지."

"삼촌, 그럼 우리 빨래 이제 어떻게 해?"

"걱정 마! 삼촌이 금세 말끔히 고쳐 놓을 테니."

삼촌은 공구함을 가지고 오더니 세탁기를 분해하기 시작했어. 나사를 풀고 떼어 내고 또 풀고 떼어 내고. 밤이 지나 새벽이 되도록 삼촌과 세탁기와의 한판 승부는 끝이 날 줄 몰랐단다.

너 오늘 잘 걸렸다.

원운동을 하는 물체에 나타나는 원심력

안녕! 난 원심력이야. 원심력은 원운동을 하는 여러 물체에서 볼 수 있어. 사람들은 나를 '가짜 힘'이라고 하기도 해. 원운동을 하는 물체에 나타나는 관성력일 뿐이라고 말이야. 어쨌든 난 원 중심에서 멀어지려는 힘이야. 참! 나랑 짝꿍으로 나타나는 힘이 있는데, 바로 '구심력'이라는 친구야. 나랑 반대 방향, 그러니까 원 중심으로 물체를 끌어당기는 힘이란다.

쥐불놀이를 해 본 적 있니? 정월대보름에 하는 전통 놀이 말이야. 깡통에 솔방울이나 마른 풀을 넣고 불을 지펴 뱅글뱅글 돌리는 놀이야. 쥐불놀이에도 원심력과 구심력이 작용해. 깡통이 원운동을 하기 때문이지. 원심력과 구심력 덕분에 깡통을 떨어지지 않고 둥그렇게 빛을 내는 거란다.

자동차가 급히 회전을 하면 몸이 바깥쪽으로 쏠리지? 그것도 원심력 때문이야. 자동차에 탄 사람은 원심력의 영향을 받아 바깥쪽으로 나가려 하는데, 자동차는 안쪽으로 커브를 도니까 몸이 바깥쪽으로 쏠리는 거야.

수천 개의 인공위성이 먼 하늘로 날아가 버리지 않고 같은 궤도 위에서 지구를 따라 돌고 있는 건 '구심력' 때문이야. 지구가 인공위성을 잡아당기는 '중력'이 구심력이 되어서 원운동을 할 수 있게 도와주는 거지.

만약 인공위성에 미치는 구심력이 사라진다면 어떻게 될까? 끈에 매달아 빙글빙글 돌리던 공의 끈을 놓으면 공이 멀리 휙 날아가 버리지? 그것처럼 인공위성도 먼 우주로 휙 날아가게 될 거야.

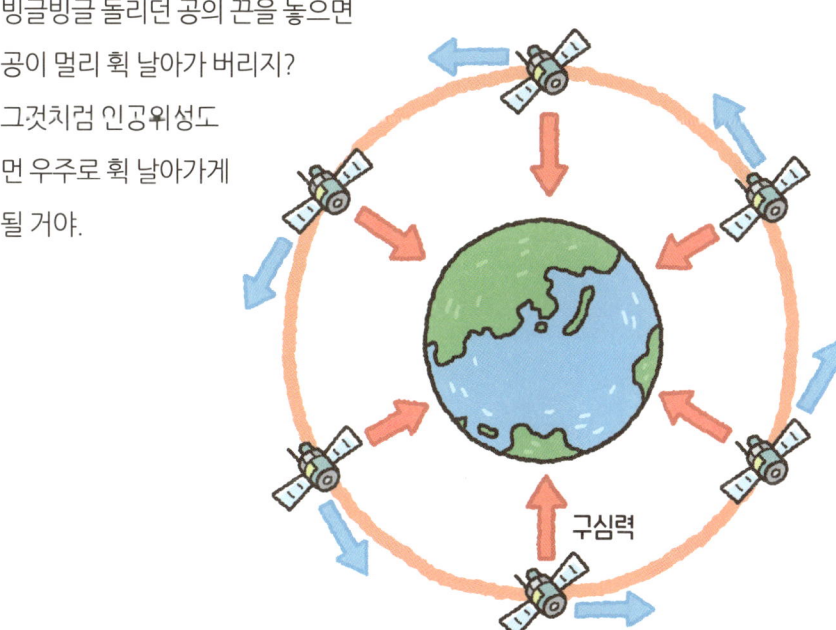

4장. 왜 때린 사람이 더 아팠을까?
- 작용과 반작용 -

"삼촌! 심장이 터질 것 같아!"

결이가 드라마 스튜디오로 들어서며 말했어. 긴장되긴 삼촌도 마찬가지였지. 솔이와 결이가 방송국 견학 프로그램에 당첨되었는데, 보호자로 따라왔거든. 시청률 최고의 어린이 드라마 '우리들의 사계절' 촬영이 곧 시작될 거래.

"자, 25번 신 들어갈게요."

스튜디오 안이 고요해지면서 카메라에 빨간 불이 들어왔어. 결이가 좋아하는 아이돌 가수, 코니가 연기를 시작했지.

교실로 들어온 코니는 맨 앞자리에 앉아 공부를 하는 소우 등을 힘차게 내리치며 말했어.
"야, 우등생! 벌써 왔냐?"
"NG! 코니, 좀 더 세게 때려 주세요."
"아야야야~~!"
그런데 아픈 소리를 낸 건 등을 맞은 소우가 아니라 코니였어.

아프냐, 나도 아프다!

"컷! 자, 다음 신 갈게요."
드디어 연출가의 오케이 사인이 났어.
"소우야, 넌 안 아파?"
코니가 손을 감싸 쥐고 소우에게 물었지.
"아프냐? 나도 아프다."
소우는 이렇게 말하며 슬며시 미소를 지었어. 그러고는 등 뒤에 덧댄 가죽 판을 꺼내 보였지.
"야! 이 나쁜 자식아!"
"하하하, 미안!"
그 모습을 본 삼촌은 그제야 고개를 끄덕였어.
"흠, 소우보다 코니가 더 아픈 이유를 이제야 알겠군!"
"왜, 삼촌? 코니가 가죽 판을 때려서?"
"뭐, 틀린 말은 아니지. 과학적으로 보면 작용 반작용에 따른 거야. 한 물체가 다른 물체에 힘을

가하면, 그 물체로부터 크기는 같고 방향이 반대인 힘을 받게 되거든. 코니가 소우 등을 때렸지만 소우 등도 코니를 때린 거지."

"삼촌, 그런데 작용 반작용 법칙에 따르면 두 힘이 같잖아. 그런데 왜 코니가 더 아픈 거야?"

결이가 얼굴이 시뻘개진 채 물었어.

"그야 코니 손은 통증을 느끼고, 가죽 판은 통증을 느끼지 않으니까~. 가죽 판이 소우 등에 전달되는 통증을 막아 준 거지."

그런데 삼촌 말이 끝나는 순간, 결이가 외쳤어.

"비겁해!"

결이가 발로 바닥을 세차게 차며 일어나자 의자가 뒤로 밀려나며 나동그라졌어. 순간 촬영장에 있던 사람들 시선이 모두 결이에게 쏠렸지. 그때 솔이가 용감하게 외쳤어.
"내 동생은 아무 잘못이 없어요! 코니를 아끼는 마음이 작용해 몸을 일으켰고, 반작용으로 의자가 넘어졌을 뿐이에요!"
결국 세 사람은 촬영장에서 쫓겨나고 말았어.

"어, 저기 엄마 온다."

삼촌이 엄마를 향해 손을 흔들며 말했어.

"너희 스튜디오에서 떠들다 쫓겨났다며?"

엄마가 의자에 앉으며 말했어. 셋은 엄마한테 혼이 날까 봐 고개를 푹 숙였어.

"잠깐만 기다려. 곧 누가 온다고 했거든. 아, 저기 오네!"

다가오는 사람을 향해 고개를 돌린 순간, 결이 의자는 다시 한 번 뒤로 넘어갔지.

"안녕? 네가 결이구나. 엄마에게 들었어. 내 팬이라며?"

코니가 결이에게 악수를 청하며 손을 내밀었어.

하지만 결이는 꼼짝도 하지 못했지. 그러다 갑자기 마법에 풀린 듯 발을 동동 구르며 말했어.

"아아아아아아아악!"

결이는 코니 곁으로 다가가 사진도 찍고 사인도 받았어. 결이가 입고 있던 티셔츠에도 코니의 커다란 사인이 새겨졌지. 방송국에서 집으로 돌아오는 내내 결이는 친구들에게 전화를 걸어 코니와 만났다며 자랑을 했어.

"어휴, 유치해."

솔이는 결이의 수다와 삼촌이 코 고는 소리가 울려 퍼지는 차 안에서 고개를 절레절레 흔들었어.

언제나 함께하는 작용 반작용

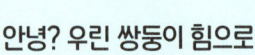

안녕? 우린 쌍둥이 힘으로 '작용 반작용'이라고 해. 우린 크기는 같지만 방향은 정반대란다. 뉴턴이 세 번째 운동 법칙을 발견하고는 이렇게 말했어. '한 물체가 다른 물체에 힘(작용)을 가하면 그 물체로부터 힘과 크기는 같고 방향은 반대인 힘(반작용)을 받게 된다.' 그 힘이 바로 우리, 작용 반작용이야.

캄캄한 밤에 길을 걷던 두 사람이 이마를 '콩' 하고 부딪쳤어. 두 사람은 이마에 통증을 느꼈을 테고 서로 조금씩 밀려났을 거야. 서로에게 가한 힘만큼 뒤로 밀려나는 반대의 힘이 작용한 거야.

범퍼카를 타고 상대방 차를 향해 돌진하면 서로 부딪쳐 튕겨 나가. 이것도 작용 반작용이 작용한 거야.

로켓이 발사할 때도 작용 반작용의 법칙이 있어. 로켓은 불을 뿜어 땅을 밀어내고, 땅은 반대 방향으로 작용하는 힘으로 로켓을 밀어 올려 주는 거야.

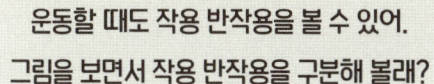
운동할 때도 작용 반작용을 볼 수 있어.
그림을 보면서 작용 반작용을 구분해 볼래?

작용: 손바닥으로 물을 미는 힘
반작용: 물이 손을 앞으로 미는 힘

작용: 날아오는 공의 힘
반작용: 야구 방망이가 공을 밀어내는 힘

작용: 노를 저어 물을 미는 힘
반작용: 물이 노를 미는 힘

53

"이런, 살이 너무 쪘어!"
아빠가 체중계에서 내려오며 한숨을 푹 쉬셨어.
"그러게요, 형님. 앞자리가 8에서 9로 바뀌었네요!"
삼촌이 아빠의 통통한 배를 쓰다듬으며 장난스레 말했지.
"아빠! 걱정 마세요. 아빠도 달에 가면 날씬해질 수 있어요."
결이가 책을 탁 덮으며 말을 던지자, 솔이가 물었어.
"정말? 나도 달에 가면 날씬해지는 거야?"
"음, 솔이 넌 지금 30킬로그램이니까 달에 가면 6킬로그램이 될 거야. 괜찮겠어?"
"진짜? 내 몸이 그렇게 작아져? 완전 아기잖아!"
"에휴, 작아지긴! 중력 때문에 그런 거야."

사과나무 대신 감나무라네

"좋아, 오늘은 중력이다! 솔이야, 결이야! 농구하러 가자!"

삼촌은 낮잠 자겠다는 아빠까지 꼬셔서 농구장으로 갔어. 농구 골대 옆에는 감나무 한 그루가 예쁘게 서 있었지.

"자, 지금부터 형님은 슛 100개를 던지시고, 너희는 이쪽으로 와 보렴!"

"삼촌, 왜? 농구 안 해?"

"잠깐이면 돼. 잘 봐!"

삼촌은 까치발을 해서 감나무 가지를 잡더니, 갑자기 감나무를 흔들었어. 덜 익은 감 하나가 땅으로 떨어졌지.

"자, 봤지? 지금으로부터 400여 년 전, 사과가 떨어지는 모습을 보고 위대한 발견을 한 사람이 있었단다."

"삼촌, 이건 감인데?"

"사과나무가 없으니, 어쩔 수 없어. 그냥 사과라고 생각해."

"나, 알아. 유명한 과학자 뉴턴이잖아."

"맞았어! 뉴턴은 사과가 뚝 떨어지는 걸 보고 깨달았지. 지구가 사과를 끌어당겼다는 걸! 솔이야, 지구가 질량이 있는 물체를 끌어당기는 힘을 중력이라고 한단다. 너희가 지구 표면에 서 있는 것도 중력 때문에 가능한 일이지."

"그런데 삼촌! 책에서는 뉴턴이 '만유인력의 법칙'을 발견했다고 하던데? 만유인력이랑 중력이랑 다른 거야?"

결이 말이 끝나자마자, 삼촌은 나뭇가지를 주웠어. 그리고 흙바닥에 낙서를 시작했지.

"자, 만유인력(萬有引力)을 풀이해 볼까? 만! 세상 만물은, 유! 가지고 있다! 인! 끌어당기는, 력! 힘을! 모든 물체 사이에는 서로 끌어당기는 힘이 작용한다는 뜻이야. 물체의 질량이 클수록 더 큰 힘으로 끌어당기지. 그러니까 우주에는 만유인력이 존재하고, 중력 역시 만유인력이란다."

근대 과학을 완성한 아이작 뉴턴(1642~1727)

뉴턴은 인류 역사를 바꾼 위대한 학자 중 한 사람이에요. 물리학, 천문학, 수학에서 수많은 업적을 남기며 과학 혁명을 이끌었지요. 1687년에 출판된 〈프린키피아〉라는 책에서는 지구와 우주에서 일어나는 다양한 운동 법칙을 수학적으로 설명했어요. 같은 해 뉴턴은 모든 물체 사이에는 서로 끌어당기는 힘이 작용한다는 만유인력의 법칙도 발견했지요.

"물체가 서로 끌어당기고 있다고? 그럼 나랑 결이도 서로 끌어당기고 있겠네!"

"딩동댕! 정답입니다!"

"에이, 아무래도 이상해. 그럼 나랑 결이랑 서로 끌어당겨야 하는데, 우린 이렇게 몸도 마음도 멀리 있는걸."

"하하, 그것 역시 중력 때문이야. 지구가 결이를 끌어당기는 힘과 솔이 네가 결이를 끌어당기는 힘 중에 뭐가 더 크겠니? 지구가 결이를 훨씬 더 큰 힘으로 당기고 있으니까 결이가 저만치 떨어져 서 있을 수 있는 거야."

만약 지구에 중력이 없다면 어떤 일이 벌어질까?

무중력 상태인 우주선 안을 상상해 보자고!

우주인들은 우주선 안에서 둥둥 떠다녀. 앞으로 나아가려면 벽을 짚어야 하지!

우주선 안을 떠다니지 않고 잠을 자려면 슬리핑백에 들어가 몸을 고정시키고 자야 해.

음식이나 액체가 떠다니다가 기계에 들어가면 큰일이야! 우주에서는 정해진 우주 식량만 먹어야 해.

샤워 시설이나 변기를 사용할 때 물 한 방울도 밖으로 나가지 않도록 주의해야 해.

달에 가면 당신의 몸무게는?

"으아아, 솔이는 중력이 좋아! 중력이 있는 지구에서 살래!"

"그래도 한 가지 좋은 점이 있지! 아무리 많이 먹어도 몸무게가 쉽게 늘지 않는다는 점!"

"왜? 살이 쪘는데, 왜 무게가 안 늘어나?"

"무게는 중력의 크기에 따라 달라지거든. 아빠 몸무게가 90킬로그램이라는 건, 지구가 90킬로그램의 힘으로 아빠를 잡아당기고 있다는 거야. 중력이 지구의 6분의 1인 달에 가면 아빠 몸무게는 6분의 1로 줄어드는 거고."

"역시, 아빠의 몸무게를 줄이는 방법은 달에 가는 방법뿐인가!"

결이 말에 삼촌은 빙긋 웃으며 말했어.

"아니~. 운동뿐이지! 사, 이제 우리도 농구하자!"

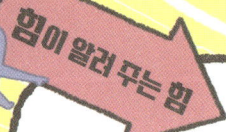

지구가 끌어당기는 힘 중력

이번엔 중력으로 변신! 모두들 지구에 잘 붙어 있지? 하하, 그게 다 내 덕분이야. 내가 있어서 오늘도 세상은 잘 돌아가지! 내가 없으면 지구 위의 모든 것이 우주로 날아가 버리고 말걸?

중력 가속도 - 내려갈수록 빨라져!

내리막길에서 자전거를 타 본 적 있니? 내리막길에서는 속도를 줄이고 싶은데, 자꾸만 더 빨라져. 그건 가속도 때문이야. 가속도란 속도가 점점 빨라지거나 느려지는 것을 말해. 어떤 물체에 힘을 줄수록 가속도가 커지고, 같은 힘을 주더라도 물체가 무거운 것보다 가벼운 것이 가속도가 커지지. 나, 중력이 가속도 이야기를 하는 건 바로 '중력 가속도'를 이야기하고 싶어서야. '중력 가속도'란 떨어지는 물체는 속도가 점점 빨라진다, 그러니까 땅에 가까워질수록 떨어지는 속도가 점점 빨라진다는 거야. 그런데 말이야, 힘을 주지 않았는데도 왜 가속도가 붙는 걸까? 그건 바로 나 중력 때문이야. 잡아당기는 힘이 아래로 내려갈수록 더 세지기 때문에 중력으로 인해 가속도가 생기는 거지.

갈릴레이가 던진 두 개의 공

고대 그리스 철학자 아리스토텔레스는 무게가 무거운 물건과 가벼운 물건 중 무거운 물건이 지구 중심으로 가려는 성질이 더 크기 때문에, 동시에 같은 높이에서 떨어뜨리면 무거운 물건이 더 빨리 떨어진다고 했어. 실제로 깃털과 돌을 떨어뜨렸을 때, 돌이 먼저 땅에 떨어졌고 사람들은 모두 그렇게 생각했지.

훗날 갈릴레이는 이 말에 의문이 생겼어. 중력 가속도가 물체의 질량과 상관없이 항상 일정하다는 것을 밝히려고 피사의 사탑에 올라가 무거운 공과 가벼운 공을 동시에 떨어뜨렸지. 무거운 공이 먼저 떨어질 거라던 당시 사람들의 생각과 달리, 두 공은 동시에 떨어졌단다. '지구 위에서는 물체의 질량 크기에 상관없이 같은 빠르기로 떨어진다.'라는 사실을 증명한 거야.

깃털과 돌을 떨어뜨리면 돌이 깃털보다 먼저 떨어지는 건 사실이야. 공기 저항이나 마찰 때문이지. 만약 공기가 없는 상태라면 둘은 똑같이 떨어질 거야. 실제로 1971년에 아폴로 우주선을 타고 달에 간 우주인들이 망치와 매의 깃털을 떨어뜨리는 실험을 했어. 공기가 없는 달에서 무게가 다른 두 물체는 동시에 떨어졌지. 이것으로 우주인들은 갈릴레이의 주장이 옳다는 사실을 또 한번 증명했단다.

키즈 카페는 정말 아이들만 신나는 곳이 분명해. 삼삼오오 이리저리 몰려다니는 아이들 틈에서 삼촌은 쏟아지는 졸음을 참느라 무척 힘이 들었지. 어젯밤에 블랙홀에 관한 최신 논문을 읽느라 밤을 꼬박 새웠거든.

 솔이와 결이는 키즈 카페에 오는 걸 정말 좋아하지만, 얼마 뒤면 이곳에 오기도 민망할 것 같아 가는 세월이 야속하기만 했어. 아무튼, 지금은 최선을 다해 즐겁게 노는 중이야.

 그런데 꾸벅꾸벅 졸고 있던 삼촌 귀에 솔이 목소리가 들렸어.

"나는 3학년이고, 너는 2학년이야!"

"그래서? 힘은 내가 더 세!"

 솔이가 저보다 키가 한 뼘은 더 큰 남자아이와 힘자랑을 하고 있었어. 결이는 멀뚱멀뚱 지켜보고만 있고 말이야.

솔이야, 탄성의 원리를 이용해!

"그럼 시합하자! 고무 화살 쏘기!"

"좋아!"

삼촌은 잠이 싹 달아났어.

"이번에는 탄성이네! 결이야, 너 탄성이라고 들어 봤니?"

"치, 알아. 스프링 같은 거…. 그런데 활도 탄성이 있나?"

"그럼 그럼, 탄성이란 물체에 주던 힘을 빼면 원래 모양대로 돌아가려는 성질이야. 탄성을 지닌 물체를 탄성체라고 하지. 활이나 새총은 힘을 주어 당겼다가 놓으면 제자리로 돌아가잖아? 그게 바로 탄성 때문이야."

탄성 한계

탄성체의 탄성력보다 더 큰 힘을 주면, 물체는 원래 모양으로 되돌아가지 못해요. 고무줄을 심하게 늘이면 끊어지거나 늘어져서 본래 모양을 잃게 되는 것처럼요. 풍선을 크게 불면 터지는 것도 탄성 한계를 넘었기 때문이에요.

그 순간, 솔이가 화살을 당겼어.

"으으으으~ 날아라~ 얍!"

솔이 몸에 잔뜩 힘이 들어갔어. 삼촌은 불길한 예감에 눈을 꼭 감고 고개를 가로저었지. 픽~. 역시나 화살은 날아가기는커녕 솔이 발아래 힘없이 떨어지고 말았어. 솔이와 대결을 펼친 남자아이는 심지어 과녁까지 맞췄지.

"어때? 내가 힘이 더 세지?"

"으이씨, 새총 쏘기로 한판 더 해!"

하지만 이번에도 솔이는 지고 말았어. 솔이는 가장 큰 공을 집어 들고 새총을 쏘았어. 공이 크면 더 힘차게 멀리 날아갈 거라고 생각했거든. 하지만 역시 발아래에 떨어지고 말았지.

솔이는 지치지 않고 다시 대결을 신청했어.

"이번엔 점프 대결이야. 트램펄린!"

"좋아, 근데 넌 키가 작아서 불리할걸…?"

"걱정 마. 지고 울지나 말라."

솔이는 트램펄린 한쪽 끝에 섰어. 심호흡을 크게 하고는 갑자기 반대편 끝으로 괴성을 지르며 내달렸지.

"이야아아아아아아!"

솔이 다리는 트램펄린의 탄력 때문에 달리는 내내 우스꽝스럽게 튀어 올랐어. 균형이 맞지 않아서 팔도 제멋대로 흔들렸지. 삼촌은 애가 탔어.

"솔이야! 이건 멀리뛰기가 아니야! 용수철의 탄성을 이용해야 해! 제자리에서 힘을 주면서 세게 뛰어! 용수철을 최대한 늘여야 한다고!"

삼촌의 고함 소리는 솔이에게 들리지 않았어.

"우아, 진짜 높이 뛴다!"

트램펄린 용수철은 사정없이 흔들렸어. 그러다가 투드득!

용수철을 이은 부분이 터지고 말았지. 탄성 한계를 넘고 만 거야!

"삑! 삑! 내려오세요! 여기서 이러시면 안 됩니다!"

삼촌은 질질 끌려 내려와 호되게 야단을 맞았어. 트램펄린 수리비까지 물어 주고 말이야.

집으로 돌아오는 길, 솔이와 결이, 삼촌은 아무 말도 없었어.

"결이야, 우리 이제 키즈 카페 못 가겠다."

"응, 이제 재미없어."

원래대로 돌아가고자 하는 힘 탄성력

어떤 물체에 힘을 주어 모양을 변하게 하면, 원래 모양대로 돌아가려고 하는 힘이 있어. 그게 바로 나, 탄성력이야. 혹시 '스카이 콩콩'이라는 놀이 기구를 아니? 흠흠, 그거 역시 내 힘을 이용한 거야.

안타깝게도 우리 솔이는 나를 잘 몰랐던 것 같아. 탄성력을 잘 이용해야 하는 대결에서 번번이 졌다는 건, 솔이네 집에 사는 나로서도 무척 자존심이 상하는 일이지. 내가 솔이네 집 어디에 사냐고?

침대 매트리스에 들어간 스프링은 탄성력을 이용해 편안한 잠자리를 만들어 줘.

소파의 푹신한 느낌도 안에 숨어 있는 스프링의 탄성력 때문이란다.

솔이 머리카락을 묶을 때 쓰는 머리끈은 탄성력이 좋은 고무줄로 만들어졌어. 엄마 스타킹도, 삼촌이 쓰는 고무장갑에도 탄성력이 있어.

삶은 달걀에도 내가 숨어 있어. 잘 삶아진 달걀을 손으로 누르면 모양이 변했다가 다시 제 모양으로 돌아와. 역시 탄성력이 있기 때문이란다.

장대높이뛰기에서 나를 찾아봐!

장대높이뛰기 선수들은 폴이라는 기다란 막대를 들고 뛰다가 폴을 땅에 꽂으면서 뛰어올라. 그러고는 공중에 가로로 놓인 바를 떨어뜨리지 않고 넘어. 장대높이뛰기에서 나, 탄성력은 두 군데에서 활약해. 첫 번째는 폴이야. 장대높이뛰기 선수들이 자기 키의 2~3배나 되는 높이에 있는 바를 훌쩍 뛰어넘을 수 있는 건 폴의 탄성을 이용하기 때문이야. 탄성력이 뛰어난 폴이 휘어졌다가 원래대로 돌아가면서 선수들 몸이 높이 솟아오르는 거란다.

두 번째는 아래에 깔린 매트야. 선수들이 높은 곳에서 떨어져도 다치지 않는 이유는 매트의 탄성력이 선수들의 몸을 안전히 보호해 주기 때문이야.

"허당 씨!"

수영 강사가 이름을 부르자 삼촌이 소심하게 손을 들었어.

"솔이야, 삼촌 떨리나 봐."

"정말 그런가 보네. 삼촌, 파이팅!"

삼촌이 수영 강습을 등록한 건 이번이 세 번째야. 첫 번째와 두 번째 모두 얼마 못 가 포기하고 말았지. 삼촌은 어렸을 때 물에 빠져 죽을 뻔했대. 그 뒤로 줄곧 물을 무서워하다가 다시 용기를 낸 거지.

"자, 물속으로 들어가세요."

강습생들이 풍덩풍덩 물속으로 뛰어들었어.

"후우~"

깊게 심호흡을 한 삼촌은 물속으로 들어가다가 그만 발이 미끄러졌지. 그 바람에 물속으로 머리가 쏙 들어가고 말았어.

"으악! 어푸어푸~ 사, 사람 살려!"

누가 누가 잘 뜰까?

 "삼촌 옆에 있던 아줌마들은 엄청 잘하던데….'
 "아, 거기는 최상급반이거든! 얘들아, 조금만 기다려.
이제부터 열심히 살을 찌울 거야. 그러면 물에 잘 뜰 수 있어!"
 "살을 찌운다고? 그게 수영이랑 무슨 상관이야?"
 결이가 심드렁하게 물었어.
 "몰랐어? 내가 물에 잘 안 뜨는 건 너무 말라서야."
 이번에는 솔이까지 삼촌을 한심하게 바라봤지.
 "에이, 말도 안 돼."
 "맞는다니까! 너희들, 뚱뚱한 사람이랑 마른 사람이랑 누가 더
물에 잘 뜰 것 같아?"
 "마른 사람! 뚱뚱한 사람은 무거우니까 가라앉겠지!"
 솔이는 자신 있게 대답했어. 결이는 고개를 갸우뚱했지.
 "그럴 줄 알았어. 오늘은 부력에 대해 알려 줘야겠군! 얘들아,
철로 만든 커다란 배가 바다에 둥둥 뜨는 게 신기하지 않니?
모두 부력 때문이야. 부력은 물이나 공기가 물체를 위로,
그러니까 물체가 중력과 반대 방향으로 받는 힘이란다. 부력을
발견한 사람은 바로, 그리스 철학자 아르키메데스! 유명한
일화가 있는데, 흠흠, 들어 봐."

"삼촌, 유레카가 무슨 뜻이야?"

"'알았다'라는 뜻이야. 왕관을 물에 넣었을 때 넘치는 물의 양이 바로 왕관의 부피라는 걸 깨달은 거지."

"그런데 그걸로 어떻게 순금인지, 아닌지 알아낼 수 있어?"

"똑같은 병 두 개에 같은 양의 물을 채운 뒤, 한쪽에는 왕관을 넣고, 한쪽에는 왕관과 똑같은 무게의 순금을 넣어. 만약 순금이라면 부피도 같을 테니, 넘치는 물의 양이 같겠지. 하지만 실험 결과, 넘치는 물의 양이 달랐단다. 순금이 아니었던 거야."

순금 덩어리를 넣었을 때, 넘친 물의 양보다,

왕관을 넣었을 때 넘친 물의 양이 더 많았어요. 금보다 밀도가 낮은 은을 섞어 무게를 맞추었기 때문에, 부피가 커진 거예요.

순금   왕관

"자, 이렇게 물체를 물에 담그면 물은 그 부피만큼 물체를 밀어내려고 해. 그게 바로 부력이지. 부력의 크기는 부피에 따라 달라져. 물체의 종류나 질량과 상관없지."

그러자 결이가 고개를 갸웃거리며 물었어.

"삼촌, 부피가 부력의 크기를 결정한다고? 그런데 부피가 똑같아도 나무토막은 물에 뜨고, 쇠는 가라앉잖아. 부력이 같다면 똑같이 뜨거나 가라앉아야 하는 거 아니야?"

"그렇지. 하지만 바로 그 순간, 부력만 존재하는 건 아니야. 우리가 어디에 있든 작용하는 힘, 바로 중력이 있잖아. 중력은 질량이 큰 물체를 더 세게 잡아당기지. 부력보다 중력이 더 커지면, 물체는 가라앉아."

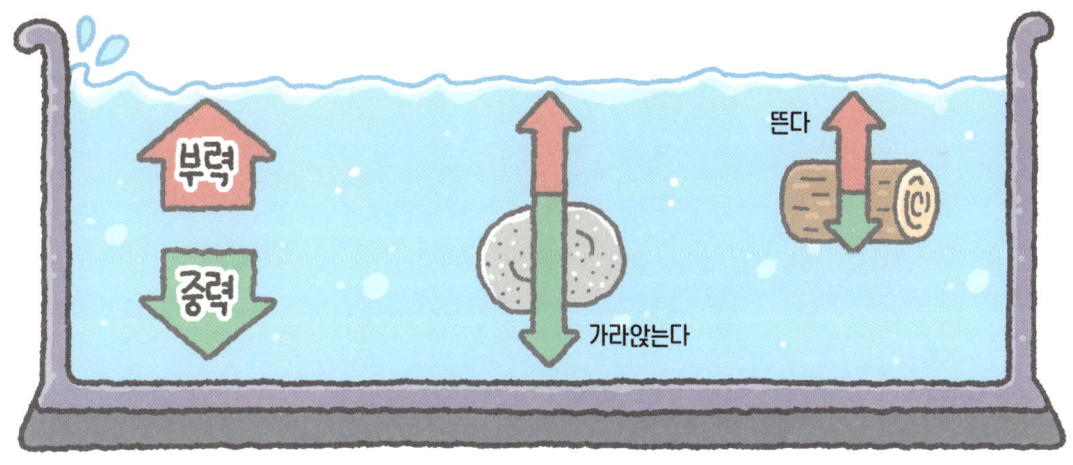

"우와, 신기하다. 그럼…, 삼촌이 뚱뚱해지면, 부피가 커지는 거니까 부력이 커지겠네? 그러니까 물에 잘 뜬다! 와, 삼촌 천재!"

물에 뜨는 수영복을 만들자!

"잠깐! 삼촌 말에 허점이 있어. 살을 찌우면 부피가 커져서 부력은 커지지만, 질량이 늘어나니까 그만큼 중력도 커지잖아?"

"무척 예리한 질문이군! 걱정 마. 뚱뚱한 사람은 마른 사람보다 몸무게가 더 많이 나가지만, 상대적으로 밀도가 작아서 부력을 더 크게 받거든. 그나저나 걱정이군. 과연 내가 살을 찌울 수 있을까?"

뚱뚱한 삼촌이라니! 솔이와 결이는 상상이 되지 않았어. 언제나 삼촌은 깡마른 모습이었으니까!

"삼촌, 부력을 높이는 방법은 다양하잖아? 부피는 크게! 무게는 가볍게! 그러니까 이러면 어때?"

솔이와 결이는 삼촌 수영복을 가져다가 작업을 시작했어. 부력이 큰 것들을 수영복에 잔뜩 붙이기로 한 거야. 다만 중요한 건, 수영 강사 선생님에게 들키지 않아야 한다는 것! 삼촌의 수영 도전 성공을 위해 작업 시작!

물속에서 중력 반대 방향으로 작용하는 힘 부력

안녕? 나는 기체와 액체에서만 살아. 혹시 강철로 만든 커다란 배가 물 위에 떠서 항해하는 모습을 보며 신기하다고 생각한 적 있니? 그 배가 둥둥 떠서 항해할 수 있도록 도와준 건 바로 나, 부력이야.

철은 물보다 훨씬 더 무거워. 부력보다 중력이 더 크니까 그대로 물에 띄우면 가라앉지. 하지만 철판을 얇게 만들고 그 속을 텅 비우면 물에 떠. 부피는 늘어나고, 질량은 가벼워져서 부력이 커지거든. 어때? 배가 뜨는 이유를 알겠니?

코끼리 무게 재기

부력을 이용해서 코끼리 무게를 잰 똑똑한 아이 이야기를 해 줄게. 2~3세기 무렵 중국 위나라 때 있었던 일이야. 위나라 남쪽 지방에 있는 한 나라에서 위나라 왕 무제에게 코끼리를 선물했어. 당시 위나라 사람들은 처음 보는 덩치 큰 동물 코끼리를 보고 신기해 했지.

'이렇게 큰 동물은 무게가 얼마나 될까?'

사람들은 궁금했지만 코끼리 무게를 재는 건 그때 기술로는 불가능했어.

어느 날, 무제가 신하들에게 명령했어.

"누구든 이 동물의 무게를 알아내는 자에게 큰 상을 내리겠다."

하지만 누구도 코끼리 무게를 알아낼 방법을 찾지 못했어. 그런데 그때 무제의 아들, 조충이 좋은 아이디어를 냈지.

"먼저 코끼리를 배에 태우고 배가 물에 얼마큼 잠겼는지 잽니다. 그다음 코끼리를 배에서 내리고, 쌀가마를 하나씩 배에 올립니다. 코끼리를 태운 배가 물에 잠긴 높이가 될 때까지 실은 쌀가마 무게가 바로 코끼리 무게가 되지요."

조충이 아이디어는 바로 부력을 이용한 거야.

"삼촌, 우리 지금 길 잃은 거 맞지?"

결이는 금방이라도 눈물이 나올 것 같았어. 솔이도 두려움에 싸여 삼촌 손을 꼭 잡았지.

"이상하다. 이쯤 내려오면 캠핑장이 보여야 하는데…."

삼촌이 주위를 둘러보며 말했어. 엄마와 아빠가 저녁을 준비하는 동안 삼촌과 결이, 솔이는 캠핑장 주변을 돌아보며 산책을 하기로 했지.

그런데 너무 멀리 나섰던지 세 사람은 그만 길을 잃고 말았어.

"큰일이네. 해가 지면 안 되는데…."

삼촌은 머리를 긁적이며 캠핑장 안내서에 나온 지도만 뚫어져라 쳐다보았어.

"하필이면 휴대폰 배터리가 다 닳아서…. 여기가 소나무 계곡 근처니까 남쪽으로만 가면 되는데…."

우리를 구해 줄 나침반!

그때 갑자기 솔이가 큰 소리로 외쳤어.

"아! 맞다. 내 가방에 나침반 있어!"

"진짜? 진짜 있어?"

"짠!"

솔이가 정말 작은 나침반을 꺼내 보였어.

"탐정 놀이할 때 쓰려고 샀지."

"오! 솔이야, 넌 행운의 아이콘이야. 어디 볼까?"

하지만 기쁨은 잠시였어.

"이거 고장 났구나."

삼촌이 나침반을 들고 이리저리 돌아보더니 말했어.

"아, 안 돼!"

결이는 거의 우는 목소리로 외쳤어.

삼촌 말대로 나침반은 이상했어. 바늘이 한 방향을 향해 움직이거나 서 있어야 하는데, 도저히 방향을 알아볼 수 없게 마음대로 움직였지.

"괜찮아, 고칠 수 있어."

삼촌이 결이를 안심시키며 말했어.

"혹시 가방 안에서 자석이랑 같이 있었던 건 아니니?"

"자석? 그런 건 없는데…."

솔이는 고개를 갸웃거리며 가방 안을 샅샅이 뒤졌어.

"참, 이것도 자석인가?"

솔이가 꺼낸 건 스파이더맨 냉장고 자석이었어.

"어휴, 그게 자석이지 뭐냐?"

결이가 고개를 절레절레 흔들었어.

"흠, 자석 힘이 너무 세서 나침반 바늘이 기능을 잃었군."

> **나침반 원리**
>
> 지구는 하나의 거대한 자석이에요. 북쪽은 S극, 남쪽은 N극이지요. 나침반은 이런 지구의 성질을 이용한 도구랍니다. 나침반 바늘 역시 자석의 성질을 가지고 있어서 나침반 바늘의 N극은 항상 S극인 북쪽을 가리키지요.

삼촌은 이렇게 말하고는 주머니를 차례차례 뒤졌어. 그러더니 바지에 달린 주머니에서 작은 막대자석 하나를 꺼냈지.

"이건 나침반도 아니고 그냥 막대자석이잖아."

결이가 심드렁한 표정으로 말했어.

"걱정 마. 이것만 있으면 고장 난 나침반을 고칠 수 있어."

"우와아아아! 정말? 역시 우리 삼촌은 천재야!"

솔이가 신이 나서 말했어. 하지만 결이는 고개를 절레절레 저었어. 길치 삼촌의 말을 덥석 믿을 순 없지!

"자, 이제 신기한 마술을 보여 줄게."

삼촌은 나침반 N극 쪽에 막대자석 S극을 대고 한참을 문질렀어.

"이 정도면 됐을 거야."

삼촌이 나침반을 바닥에 내려놓자 아까와는 다른 현상이 나타났어. 불안하게 제멋대로 움직이던 나침반 바늘이 한쪽을 가리켰지. 장소를 이동해도 나침반 바늘은 같은 방향을 가리켰어.

"삼촌, 어떻게 한 거야?"

"응, 자석을 대고 있으면 나침반 침도 다시 자석의 성질을 갖게 되거든. 자석이랑 쇠붙이만 있으면 너희도 나침반을 만들 수 있어."

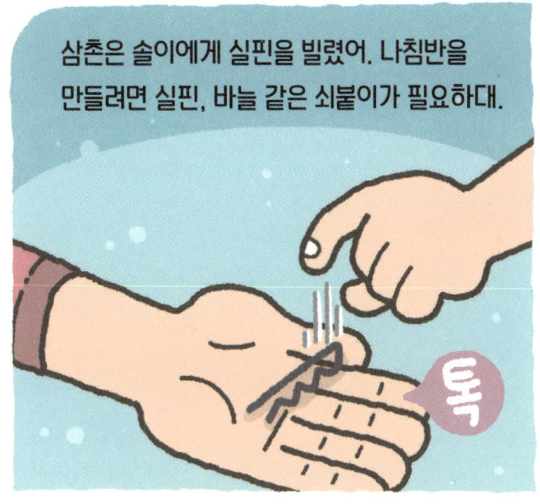

꼬르륵 꼬르륵~ 남쪽으로 가자!

"자석은 참 대단한 힘을 가졌네! 나침반을 고장도 내고, 다시 고치기도 하고, 새로 만들기도 하고."

솔이 말에 삼촌은 맞장구를 쳤어.

"허허, 듣고 보니 그러네! 우리 눈에 보이지는 않지만, 자석과 자석, 자석과 쇠붙이 사이에는 서로 당기거나 미는 힘이 작용한단다. 이 힘을 자기력이라고 하지. 쇳가루 위에 자석을 놓으면 양쪽 극으로 모여 들지?

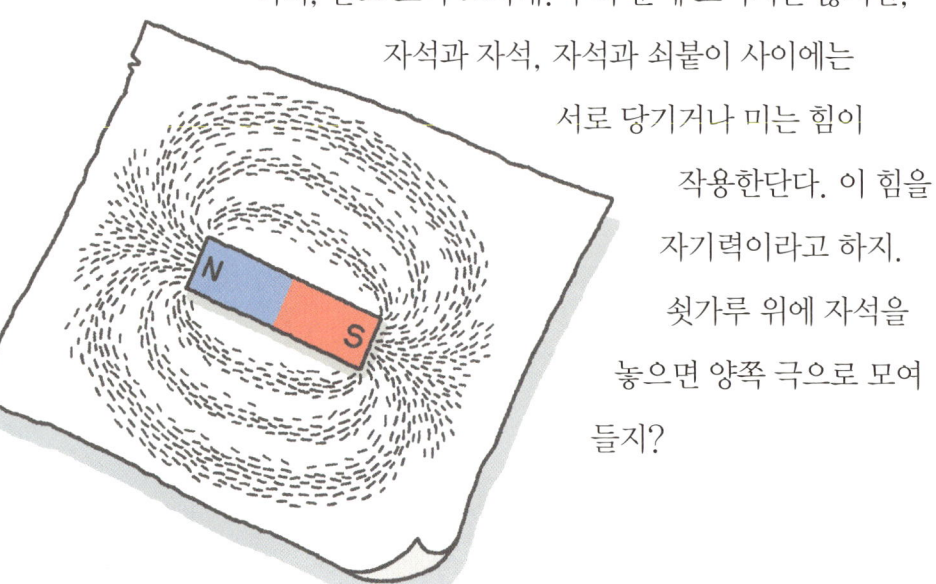

이렇게 자기력이 작용하는 범위를 자기장이라고 한단다. 자, 저쪽이 남쪽이네! 빨리 가서 삼겹살 먹자!"

결이와 솔이는 삼촌을 따라 숲길을 폴짝폴짝 뛰어갔어.

그때 저 멀리서 엄마 아빠 목소리가 들렸어.

"결이야, 솔이야! 어디 있니?"

"엄마! 아빠! 우리 여기 있어요."

쌍둥이는 얼른 엄마 아빠를 따라갔단다.

같으면 밀어내고 다르면 당기는 힘 자기력

안녕? 빨강과 파랑으로 나뉜 내 옷이 잘 어울리지? 나는 N극과 S극 힘을 내야 해서 늘 빨강 파랑 옷을 입고 다녀. 내가 누구냐고? 같은 극끼리는 밀어내고 다른 극끼리는 당기는 힘, 바로 자기력이야.

지구는 커다란 자석이야

자석은 N극과 S극, 두 개의 극을 가지고 있어. 나침반 바늘의 N극은 항상 북쪽을, S극은 항상 남쪽을 가리키는 이유는 지구 북쪽은 S극을, 남쪽은 N극을 띠기 때문이지. 자석은 같은 극끼리는 밀어내고 다른 극끼리는 잡아당기거든.
그렇다면 막대자석을 잘게 쪼개면 어떻게 될까? 쪼개진 자석 조각은 다시 N극과 S극을 띠어. 아무리 잘게 쪼개도 N극과 S극은 없어지지 않지.
다른 힘들처럼 나도 눈에 보이지 않아. 하지만 아주 쉽게 느낄 수 있어. 자석의 같은 극끼리 가까이 대면 서로 붙지 않으려고 밀어내는 힘을 손끝에서 느낄 수 있을 거야. 그게 바로 나, 자기력이란다.

쇠붙이를 끌어당기는 힘!

나는 다른 특징도 있어. 쇠붙이를 끌어당기지. 쇠로 만든 물건들이 자석에 척척 달라붙는 모습을 본 적이 있을 거야.

내 힘을 눈으로 확인하고 싶다면 흰 종이 위에 나를 놓고 주위에 철 가루를 뿌려 봐. 그림처럼 철 가루 길이 생길 거야.

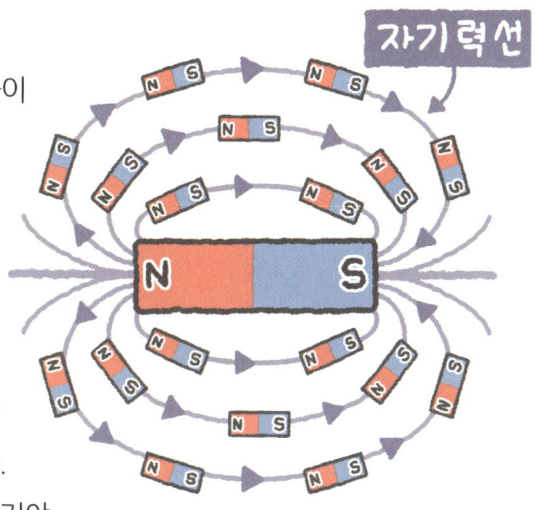

막대자석 양쪽 끝은 내 힘이 가장 세서 철 가루가 많이 붙어 있는데, 위아래로는 일정한 고리 모양으로 철 가루들이 늘어서. 이렇게 고리 모양이 그려지는 까닭은 '자기장' 때문이야. 자기장은 눈에 보이지 않지만 내 힘이 미치는 공간을 나타내지.

자기력을 이용한 도구들

내 힘을 이용한 물건은 우리 주변에 많아.

유리창을 닦을 때 안쪽은 깨끗이 닦을 수 있지만 바깥쪽은 닦기가 어렵지? 이때, 자기력을 이용해서 창문 안팎으로 자석에 붙는 청소 도구를 놓고 창문 안쪽에서 움직이면 바깥쪽 걸레도 따라 움직여서 창문 밖을 닦을 수 있어.

자석으로 만든 칠판, 자석을 이용한 가방의 닫힘 장치, 자석 바둑판, 신용 카드 모두 자기력이 쓰인단다.

9장 먼지를 쓸어 간 범인의 정체는?
- 정전기력 -

삼촌이 집합시킨 용의자 네 명 중 두 명은 아무리 봐도 지나치게 당당했어. 아빠는 마지못해 거실로 나왔지만 삼촌 말에는 거의 집중하지 않았지. 안방에서 깎던 발톱을 마저 깎고 있었으니까.

엄마 역시 삼촌 말에 별로 귀를 기울이지 않았어. 연예인들이 음식을 만드는 텔레비전 프로그램을 보며 맛이 어떨지, 무엇을 더 넣으면 좋을지 끊임없이 중얼거렸지.

사실 나머지 두 명도 그다지 태도가 좋은 용의자는 아니었어.

심각한 삼촌에 비해 결이와 솔이는 삼촌과 탐정 놀이를 하는 느낌이었거든.

"그러니까 내 방에 가장 최근에 들어간 사람은 결이, 너지?"

"아니지. 정확히 말하면 삼촌이지. 내가 들어갔다 나온 뒤 한 시간이 지났을 때, 삼촌이 집에 와서 방으로 들어갔고, 그제서야 '최애템 피규어'가 산산조각난 걸 발견했으니까."

결이가 제법 그럴듯한 목소리로 조목조목 반박을 했어.

박살 난 아이콘맨

"우와! 삼촌이 아니라 결이가 진짜 탐정 같아."

솔이가 엄지손가락을 치켜세우며 말했지.

"흠흠! 솔이야, 다시 말하지만 우리는 지금 탐정 놀이를 하는 게 아니야. 알겠니?"

"난 삼촌 피규어를 망가뜨리지 않았어. 맹세코!"

"그래, 나도 알아. 하지만 이 집에 사는 모든 사람이 그렇게 말하고 있단다."

삼촌이 깊은 한숨을 내쉬었어.

사건이 터진 건 아침 일찍 집을 나섰던 삼촌이 저녁 늦게 집에 들어오면서부터였어.

"아아아악! 내 아이콘맨~!"

방에서 삼촌의 비명이 들려올 때까지만 해도, 식탁에 둘러앉아 저녁을 먹던 가족들은 삼촌이 좋아하는 피규어 이름을 그냥 힘차게 부르는 거라고 생각했어.

하지만 곧바로 주방으로 뛰어온 삼촌의 손에는 조각난 아이콘맨이 들려 있었어.

"누구야? 누가 내 아이콘맨을 이렇게 산산조각 낸 거야?"

"어머나!"

"옴마?"

"세상에, 그게 왜 그렇게 됐어?"

"쯧쯧, 그러게 잘 좀 관리하지."

솔이와 결이, 아빠와 엄마의 첫 반응은 모두 달랐어.

삼촌이 가장 아끼는 피규어인 아이콘맨은 전 세계에서 단 300개만 판매된 희귀 아이템이야. 삼촌이 여기저기 부탁을 거듭한 끝에 호주에 사는 삼촌 친구가 어렵게 구입해 줬지.

"좋아요. 제가 범인을 밝혀낼게요. 저녁 식사를 마치면 거실에 모여 주세요."

저녁 식사를 마치고 모두 거실에 모였고, 드디어 삼촌이 입을 열었어.

"이번 사건의 열쇠는 바로 '정전기'입니다."

"정전기라고?"

"맞습니다. 빗질을 할 때, 머리카락이 빗을 따라 공중으로 올라가거나, 스웨터를 입거나 벗을 때 머리카락이 따라 올라가거나, 누군가와 손을 잡을 때 '타타탁' 하고 소리를 내며 몸이 찌릿한 경험을 한 적도 있으시죠? 그게 모두 정전기 때문이죠. 정전기는 두 물체가 마찰할 때 순간적으로 생기는 전기입니다."

그러자 결이가 손을 번쩍 들고 물었어.

"와, 삼촌! 나 그런 경험 많은데…. 근데 정전기는 왜 생기는 거야?"

"흠, 범인을 잡는 게 목표지만, 우선 정전기를 아는 게 중요하겠구나. 솔이야, 결이야, 잘 듣고 정전기로 범인을 잡는 삼촌의 모습을 지켜보렴."

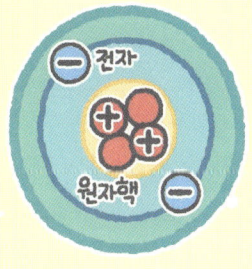

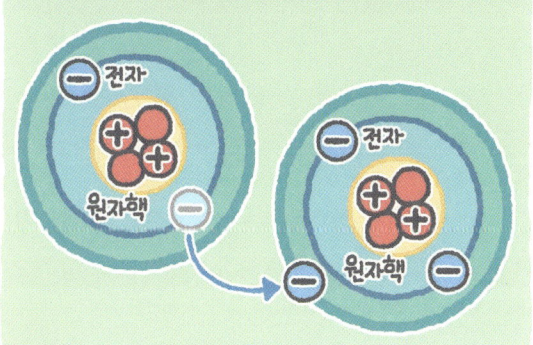

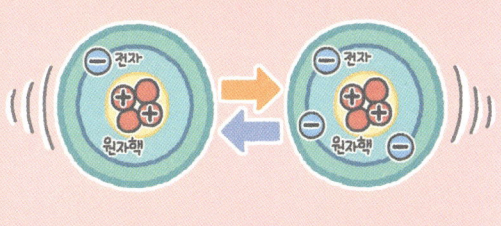

범인은 바로 당신이야!

"에헴, 어디까지 했더라…. 아! 당시 범인은 털옷을 입고 있었어요."

삼촌은 이렇게 말하며 휴지에 싼 검은색 털 몇 개를 보여 줬어.

"어머, 그게 바닥에 떨어져 있었다고 범인이 털옷을 입었다고 할 수 있니?"

엄마가 물었지.

"단서는 몇 가지 더 있어요."

삼촌은 이렇게 말하며 엄마의 털옷을 꺼내 왔어.

"이 옷을 입은 범인은 내 방에 들어왔다가 실수로 아이콘맨을 떨어뜨리고 말았죠. 그때까지만 해도 아이콘맨은 크게 부서지지 않았어요. 하지만 당황한 범인이 다리의 균형이 맞지 않은 아이콘맨을 제자리에 올려놓다가 다시 떨어뜨렸어요."

계속되는 삼촌의 추리를 가족들 모두 숨죽이고 들었어.

"다들 알다시피 아이콘맨이 놓인 선반은 오랫동안 청소를 하지 않아서 먼지가 뽀얗게 쌓여 있었죠. 그런데 이 털옷을 입은 범인이 급히 피규어를 다시 올려놓다가 정전기가 일어난 털옷으로 먼지를 쓸어 버린 거예요."

삼촌은 이렇게 말하며 엄마의 털옷 오른쪽 소매를 보여 줬어.

소매에는 먼지가 잔뜩 묻어 있었지.

"우와! 진짜네?"

"두 번째로 떨어진 아이콘맨은 산산조각이 났고 당황한 범인은 아이콘맨 조각을 이리저리 맞춰 보려고 했죠. 그때 털옷이 일으킨 정전기 때문에 사이사이에 달라붙고 낀 털이 이렇게 증거를 남기고 만 거예요."

삼촌 말대로 아이콘맨 조각 곳곳에는 엄마의 털옷에서 나온 털이 묻어 있었어.

"삼촌! 진짜 탐정 같아."

결이와 솔이는 감동의 박수를 치며 삼촌에게 달려가 매달렸어. 그날 밤 늘 당당했던 엄마는 삼촌에게 거듭 사과를 해야 했지. 아이콘맨 신상품을 사 주기로 약속하고 나서야 삼촌은 화를 풀었단다.

힘이 알려 주는 힘

전기를 띤 물체가 미치는 힘 정전기력

안녕? 나는 정전기력이야. 전기를 띤 물체가 전기를 띤 다른 물체에 미치는 힘이지. 한 번쯤 나를 만나 본 친구들이라면 금방이라도 찌릿찌릿 전기가 오를 듯 날카롭게 생긴 게 이해가 될 거야. 나는 너희들이 방심하는 순간, 찌리릿! 하고 나타났다 금세 사라지거든. 하하하!

탈레스가 발견한 정전기

기원전 600년 전쯤 그리스 철학자 탈레스는 양털 천으로 문지른 호박(소나무 송진 같은 것이 오랫동안 딱딱하게 굳어서 된 광물로 장식품으로 쓰임)에 먼지가 잔뜩 달라붙은 모습을 보았어. 그때만 해도 정전기에 대해 몰랐으니, 탈레스는 '왜 그럴까?' 하고 궁금해하기만 했지. 그 이유가 정전기 때문이라는 사실은 1733년, 프랑스 과학자 뒤페가 밝혀냈어.

호박과 양털 천 사이에서 왜 내가 생겨났을까? 양털 천으로 호박을 문지르기 전에는 호박과 양털 천 모두 전기를 띠지 않아. 하지만 두 물건을 마찰시키면

호박은 음(-)전하를 잘 뺏고 양털 천은 음(-)전하를 잘 빼앗기지. 결국 양털 천의 음(-)전하가 호박으로 이동해 호박은 음(-)전하, 양털 천은 양(+)전하가 돼. 그 때문에 호박과 양털 천의 마찰 전기가 가벼운 먼지들을 끌어당기게 된 거란다.

정전기를 이용한 물건을 찾아 봐!

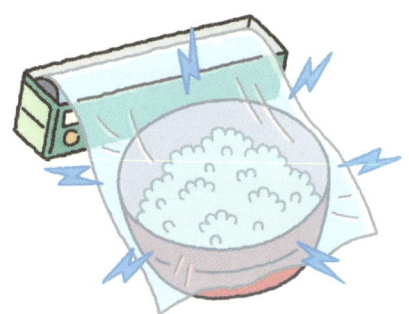

랩 : 음식이 담긴 그릇을 랩으로 감싸 놓은 걸 본 적 있을 거야. 여기에 나, 정전기 원리가 숨어 있어. 돌돌 말려 있던 랩을 펴면 랩이 롤에서 떨어져 나가면서 마찰 전기가 발생해. 이 정전기 때문에 비닐랩이 그릇에 착 달라붙는단다.

복사기 : 복사기에도 정전기 원리가 숨어 있어. 복사를 할 때는 종이에 강한 빛을 쪼이는데, 그 빛은 종이에 닿았다가 드럼 쪽으로 반사돼. 그런데 이때 글씨 부분은 빛이 반사되지 않지. 드럼 표면에는 셀레늄이라는 게 발라져 있는데, 셀레늄은 보통 때는 양(+)전하를 띠다가도 빛을 받으면 음(-)전하로 바뀌어. 글씨가 쓰인 곳은 그대로 양전하지만 종이의 흰 부분은 음전하가 되지. 이때 토너(흑연)가루들이 양전하에 달라붙으면서 글씨가 찍히는 거야.

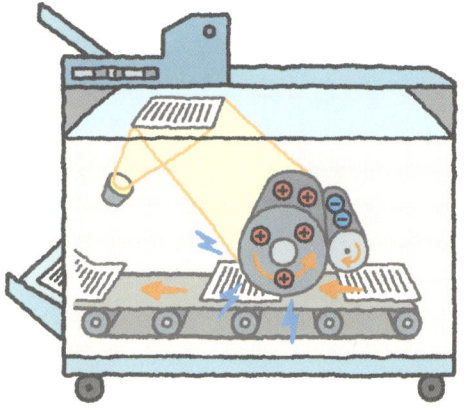

103

10장 진짜 에너지 도둑이 다녀간다면?
— 에너지 —

　가족들 모두 외출하고 삼촌 혼자 집에 있었어. 밖은 아직 환했지만 삼촌은 스탠드를 켜고 책을 보고 있었지. 그때 갑자기 스탠드가 꺼지면서 환한 빛과 따뜻한 기운이 사라졌어.
　'엥? 전기가 나갔나?'

밖에서 무슨 소리가 들리자 삼촌은 밖으로 나갔어. 그런데 현관 문 앞에 반짝이는 옷을 입은 사람이 서 있는 거야.
삼촌은 놀랐지만 애써 침착하게 물었지.
"누구세요?"
"나? 에너지 도둑!"
수상한 사람은 이렇게 말하더니 아무 일도 없었다는 듯 현관문을 열고 밖으로 나가 버렸어.
'큰일 났다. 내가 잠든 사이에 도둑이 들었나 봐. 아니, 좀 이상한데? 저 남자 손에는 아무것도 들려 있지 않았는데….'
삼촌은 집 안 곳곳을 살피기 시작했어. 전기가 나간 게 틀림없었어. 집 안에 모든 전등이 꺼져 버렸고 다시 들어오지 않았거든. 냉장고나 텔레비전 같은 전기 제품들도 작동되지 않았지.

태양이 사라지다!

'관리실에 전화를 걸어 봐야겠군.'

삼촌이 휴대폰을 찾아 들었어. 하지만 전원이 켜지지 않았어.

"으휴, 이럴 때 배터리가 다 나갈 게 또 뭐람."

삼촌은 여분의 배터리를 찾았어. 그런데 웬일인지 늘 놓아두었던 자리에 휴대폰 배터리가 보이지 않았지.

"뭐지? 이 기분 나쁜 예감은…?"

삼촌은 관리실을 직접 찾아가기로 했어. 현관문을 열자 사람들이 웅성거리는 소리가 들려왔지.

"703호도 전기가 나갔어요?"

"네. 혹시 휴대폰 좀 빌릴 수 있을까요?"

"어머! 제 휴대폰 배터리도 다 됐어요."

"세상에! 엘리베이터가 작동이 안 돼요."

"이상하다. 비상 발전기가 있을 텐데…."

삼촌은 7층에서 1층까지 걸어 내려왔어. 답답함을 참지 못하는 사람들도 삼촌과 함께 아파트 관리실로 향했지. 그런데 그때 태양빛이 점점 어두워지기 시작했어.

"날이 갑자기 흐려지네."

"저기 좀 봐요! 해가 점점 멀어지고 있어요."

"아아악!"

삼촌은 똑똑히 보았어. 태양이 눈앞에서 사라지는 순간을 말이야. 온 세상이 금세 어두워지고 갑자기 추위가 몰려들었어.

"으악! 사람 살려!"

한치 앞도 보이지 않는 어둠 속에서 사람들은 이리저리 부딪히고 넘어지고 쓰러지며 비명을 질러 댔어. 삼촌 역시 아무것도 보이지 않았지만 이게 다 누구 때문인지 알 것 같았지.

"도둑 잡아라! 도둑을 잡아야 해. 이게 다 에너지 도둑 때문이야!"

그때 누군가 삼촌의 등을 세게 내리쳤어.

"낮잠 자면서 쓸데없이 전기 에너지 좀 낭비하지 마!"

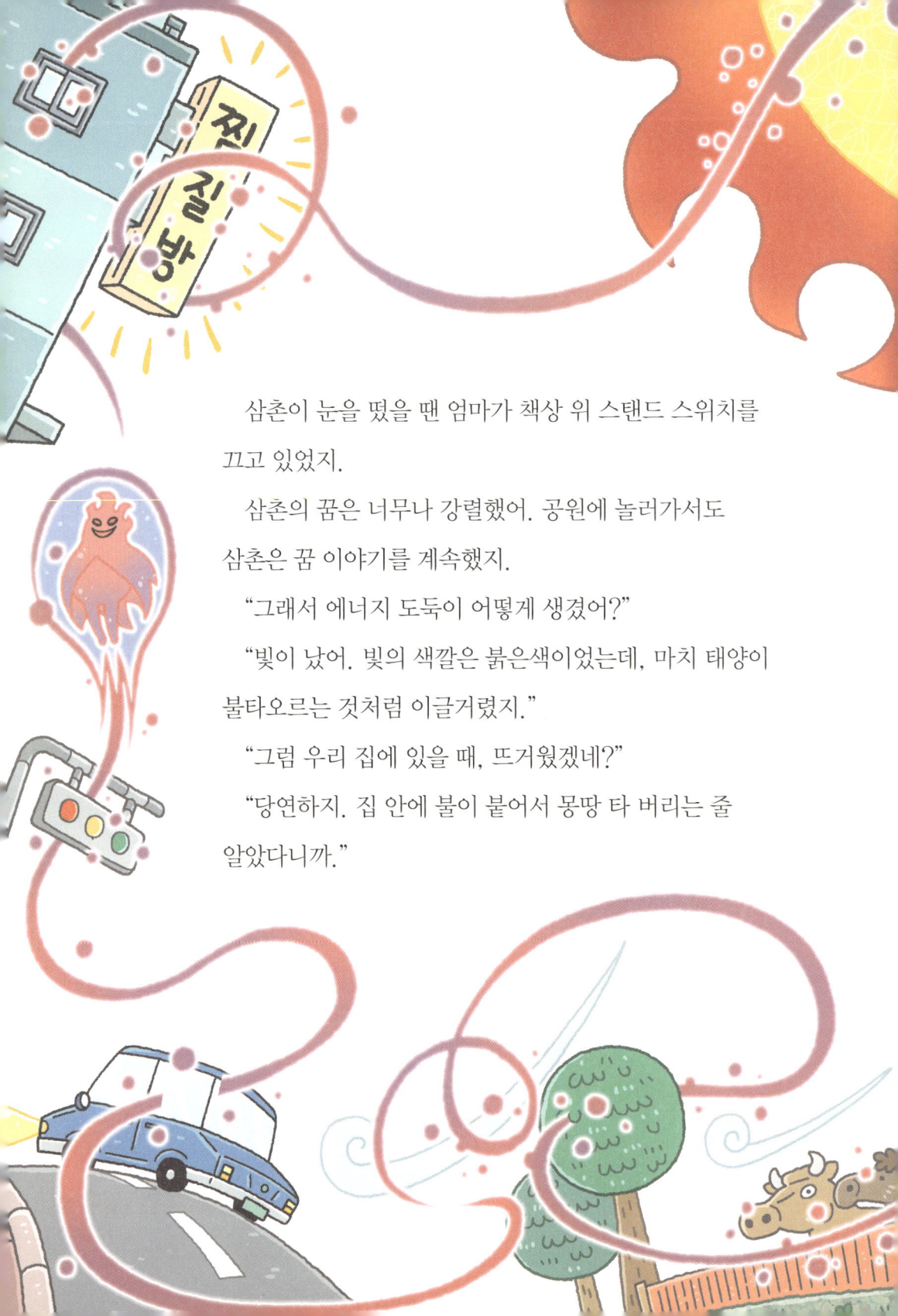

　삼촌이 눈을 떴을 땐 엄마가 책상 위 스탠드 스위치를 끄고 있었지.
　삼촌의 꿈은 너무나 강렬했어. 공원에 놀러가서도 삼촌은 꿈 이야기를 계속했지.
　"그래서 에너지 도둑이 어떻게 생겼어?"
　"빛이 났어. 빛의 색깔은 붉은색이었는데, 마치 태양이 불타오르는 것처럼 이글거렸지."
　"그럼 우리 집에 있을 때, 뜨거웠겠네?"
　"당연하지. 집 안에 불이 붙어서 몽땅 타 버리는 줄 알았다니까."

솔이 입이 쩍 하고 벌어졌어.

"그 에너지 도둑이 모든 에너지를 훔쳐 가 버린 거야?"

"그렇지. 건전지까지 훔쳐 갔다니까!"

"근데 삼촌, 우리 집에서 나갈 때 손에 아무것도 들지 않았다고 했잖아."

"아아 그거! 어차피 에너지 도둑은 에너지를 훔치면 몽땅 다 먹어 버려. 그래서 손에 들 필요가 없는 거지."

"아하 그렇구나. 나쁜 놈! 내가 에너지 도둑에게 빼앗긴 우리 집 에너지를 꼭 찾아 오겠어!"

"그런데 삼촌, 힘이랑 에너지는 뭐가 달라?"

"힘은 물체의 운동 상태를 변하게 하는 능력이고 크기와 방향이 있어. 에너지는 힘을 써서 일을 하는 능력이고."

"우헤, 솔이 표정 좀 봐. 삼촌, 솔이가 이해를 못 하겠나 봐."

솔이가 놀리자 결이가 솔이를 곁눈질로 흘겨봤어.

"음, 더 쉽게 설명하자면…. 그래!"

삼촌은 가지고 있던 가방을 바닥에 던졌어. 그러고는 솔이에게 가방을 가지고 오라고 했지. 솔이가 가방을 들자 삼촌이 말했어.

"솔이가 지금 힘을 써서 가방을 들었지? 이렇게 힘을 써서 일할 때 우리는 에너지를 쓰는 거야."

"아아~."

솔이와 결이는 이해가 좀 되었는지 고개를 끄덕였어.

"삼촌, 지금 내 배 속에서 에너지 달라는 소리 들었어?"

"들었지. 꼬르륵 소리 말이지?"

"응. 힘을 썼더니 에너지가 부족하다고 얼른 보충해 달래."

"하하하, 좋아. 맛있는 점심 먹으러 가자!"

결이, 솔이는 신이 나서 삼촌을 따라갔어.

힘이 알려 주는 힘

에너지와 힘

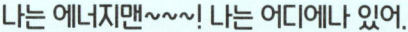

나는 에너지맨~~~! 나는 어디에나 있어. 가장 강력한 에너지를 찾는다면 고개를 들어 하늘을 봐. 눈부시게 빛나는 태양은 지구의 모든 에너지를 만들어 주는 강력한 에너지원이야. 너희가 몸을 움직이며 생활할 수 있는 건 에너지가 있기 때문이야. 네가 먹은 음식물이 네 몸에 들어가 에너지가 된단다.

나는 어디에나 있고, 종류도 다양해.

운동 에너지는 운동하는 물체에 있는 에너지야. 움직이는 물체는 모두 운동 에너지가 있다고 보면 돼.

위치 에너지는 높은 곳에 있는 물체에 있는 에너지야. 무게가 같을 땐 높은 곳에 있을수록, 높이가 같을 땐 무거울수록 위치 에너지가 더 커.

열에너지는 뜨거운 물체에 있는 에너지로 뜨거울수록 에너지가 크지.

빛 에너지는 빛이 나는 물체가 갖는 에너지야. 밝은 빛일수록 에너지가 커.

전기 에너지는 전기가 가지고 있는 에너지지.

변신! 변신! 에너지의 전환

에너지는 모습을 자주 바꿀 수 있어. 어떻게 바뀌는지 살펴볼까?

날씨가 추울 때 사람들은 가만히 있지 않고 몸을 움직여서 열을 내. 손이 시릴 때 두 손을 막 비비면 손에서 열이 나거든. 사람들은 따뜻해진 손으로 차가워진 볼이나 시린 귀를 따뜻하게 하는데, 이게 바로 운동 에너지가 열에너지로 변한 거지.

롤러코스터도 그래. 가장 높은 곳까지 올라가는 데는 전기가 필요해. 전기 에너지로 높이 올라가면 위치 에너지로 바뀌지. 롤러코스터가 아래로 떨어지면 위치 에너지가 운동 에너지로 바뀌어.

물레방아 위에 있는 물은 위치 에너지를 가지고 있어. 이 에너지가 운동 에너지로 바뀌면서 물레방아가 돌아가지.

열과 빛과 전기 에너지는 변신을 아주 잘해. 열과 빛과 전기는 운동 에너지로 바꿀 수 있는데, 이러한 에너지를 사용해서 자동차를 움직이고 기계를 돌리고 집 안을 따뜻하게 하고 물도 데울 수 있어.

가만있는 물체에
힘이 가해지면 물체는 움직여.
힘이 가해지는 방향으로 점점 빨라지지.
반대편에서 힘을 가하면
물체는 점점 느려져.
때로는 방향을 바꾸기도 하지!

무슨 일이 일어나면
나를 떠올려 줘!
모두 내가 벌인 일이니까 말이야.

허당 삼촌, 솔이랑 결이야!
앞으로도 재미있게 지내자!

초등과학Q 8

힘과 에너지
허당 삼촌, 힘을 찾아 줘

초판 1쇄 발행 2020년 12월 7일
초판 7쇄 발행 2025년 3월 5일

글 노지영 | **그림** 김석 | **감수** 오정근
편집 이선아 | **디자인** 자자주
제작 박천복 김태근 고형서
펴낸이 김경택
펴낸곳 (주)그레이트북스
등록 2003년 9월 19일 제313-2003-000311호
주소 서울시 구로구 디지털로31길 20 에이스테크노타워5차 12층
대표번호 (02) 6711-8673
홈페이지 www.greatbooks.co.kr

ISBN 978-89-271-9742-3 74400
　　　978-89-271-9560-3 (세트)

※이 책은 저작권법에 따라 보호받는 저작물이므로 무단전재와 무단복제를 금합니다.

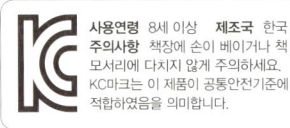